AF248058

VIE

DE

LA SŒUR ROSALIE

(JEANNE-MARIE RENDU)

DE LA CONGRÉGATION DE S.-VINCENT-DE-PAUL

décorée de la Légion-d'Honneur

DÉCÉDÉE LE 5 FÉVRIER 1856.

PAR

M. l'abbé A. DE BOUCLON.

–◇–

Prix : 25 Centimes.

–◇–

PARIS

CH. DOUNIOL, LIBRAIRE,
RUE DE TOURNON, 29.

ET DE SURCY, libraire, rue de Sèvres, 2.

1856

VIE

DE LA

SOEUR ROSALIE

(JEANNE-MARIE RENDU)

De la Congrégation de Saint-Vincent-de-Paul.

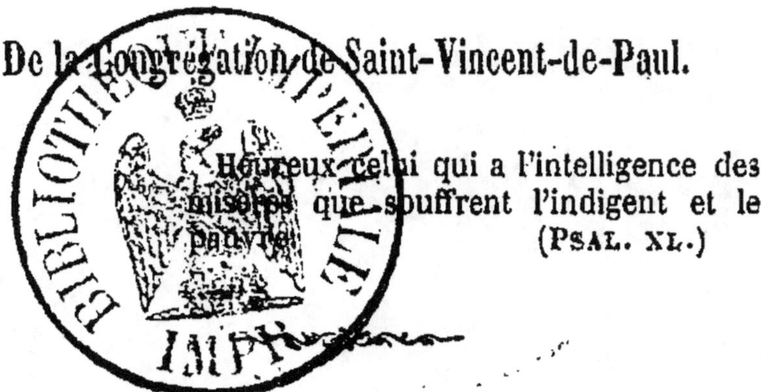

> Heureux celui qui a l'intelligence des misères que souffrent l'indigent et le pauvre.
>
> (PSAL. XL.)

I

Avec le printemps de 1802 on vit s'épanouir à Paris une humble fleur détachée du pied des montagnes du Jura, et qui répandait déjà autour d'elle les plus doux parfums de la vertu.

Est-ce assez de répandre dans le sein des pauvres tout ce que l'on possède, si on ne leur donne pas en même temps son cœur, sa vie même ?

C'est la Providence qui conduit une jeune fille de quinze ans dans la rue du Vieux-Colombier, pour frapper à la porte dn Noviciat des Filles de Saint-Vincent-de-Paul. D'un pas libre et dégagé, elle foule résolûment aux pieds toutes les joies, tous les honneurs que lui promet le monde ; elle s'enferme sans pâlir, mais au contraire toute rayonnante de bonheur et d'enthousiasme dans ce sanctuaire de l'austérité, du dévouement et de la prière.

D'où venait-elle cependant ? Du pays de Gex, non loin de Ferney, où vécut si long-temps Voltaire. Certes elle avait dû entendre au moins un écho de ces voix impies qui représentaient la piété chrétienne comme une sauvagerie, ses espérances comme une amère déception, son joug comme un avilissement et un odieux esclavage. Mais sa raison supérieure lui a rendu évidente l'absurdité de ces reproches. Elle a résolu de prouver par des faits que la religion chrétienne est vérité et féconde en bienfaits. Si les discours qui la vengent des sarcasmes ne peuvent convaincre, on n'a rien du moins à répliquer aux exemples.

II

Jeanne-Marie, fille d'Anne Laracine et d'Antoine Rendu, riche propriétaire, mais qui cultivait lui-même son patrimoine comme dans l'âge d'or des patriarches, était née dans le mois de septembre 1787, à Confort, hameau de la commune de Lancrans, arrondissement de Gex, d'abord département du Léman, puis de l'Ain.

Ce petit pays de Gex, terre de délices sous un ciel d'azur et de lumière, dans le voisinage du lac Léman et du Rhône, entre des sites splendides formés par les chaînes des Alpes et les chaînes plus voisines du Jura, avait joui longtemps de sa liberté et de son indépendance, mais avait toujours été un objet de convoitise tantôt pour Genève, tantôt pour les ducs de Savoie, et finalement pour la France elle-même. Pour être pénétré d'un sentiment profondément religieux il suffit d'ouvrir les yeux sur les merveilles de la nature qui resplendissent à tous ses horizons et parlent de son Auteur avec une voix à laquelle il est difficile de résister.

Deux saints illustres, François de Sales et Vincent de Paul, avaient cultivé cette terre de leurs propres mains, et de la divine semence des vertus répandue par de tels hommes devait éclore un jour Jeanne-Marie, destinée à retracer et rappeler aux hommes la douceur, la piété tendre et indulgente de l'un, la sublime charité de l'autre. Après que Gex eût été cédé à la France par le traité de paix conclu entre Henri IV et le duc de Savoie, le premier avait obtenu de ce prince la permission de travailler à la conversion de ses habitants égarés dans le schisme et l'hérésie de Calvin, et, en peu de temps, il y rétablit l'exercice du culte catholique et y fit fleurir la piété. Le second avait continué l'œuvre du saint Évêque de Genève, et avait même été curé dans le voisinage de

Lancrans, à Châtillon-les-Dombes. Plantée, cultivée, arrosée par ces deux hommes admirables, la foi chrétienne était si fortement enracinée dans le cœur de ces peuples, que le patriarche de l'incrédulité moderne, en venant se fixer au milieu d'eux et voulant vivre tranquille dans sa retraite, se garda bien de choquer leurs sentiments religieux. Il restait Voltaire dans ses livres, mais dans le pays de Gex il respectait la croyance de ses voisins, construisait une église à Ferney, rendait exactement le pain bénit à sa paroisse, et, au grand scandale des encyclopédistes, au plus grand scandale de la religion, communiait même à Pâques : tant l'impiété elle-même se sentait impuissante sur une terre sanctifiée par saint François de Sales et saint Vincent de Paul !

Jeanne-Marie connut à peine son père, Antoine Rendu. Après neuf ans seulement de mariage, il quitta ce monde en laissant trois orphelines à sa veuve. Mais Anne Laracine, après ce coup de foudre, se trouva à la hauteur de sa mission. Femme chrétienne et forte, nourrie des maximes de saint François de Sales et de saint Vincent de Paul reçues par une tradition non interrompue avec le sang des ancêtres, elle pourvut à l'éducation de ses trois filles avec une piété éclairée et une bienveillante énergie qui se gravèrent en traits de feu dans le cœur de Jeanne-Marie. Ainsi, comme toujours, les grands cœurs, les grands caractères qui se révèlent par l'élévation des idées et des sentiments, par la grandeur des sacrifices, se développent d'abord sous la tutelle et le souffle d'une excellente mère. Anne Laracine avait vécu parmi les travaux champêtres, au pied des montagnes du Jura. Mais le cœur d'une femme d'élite et d'une mère admirable peut tout aussi bien battre sous une robe de bure que sous une robe de soie, et placer aussi sûrement dans leur voie merveilleuse des esprits supérieurs, que tous les préceptes de la science et toutes les ressources de la civilisation. Humble fille des montagnes et des champs, élevée par une pieuse et sage mère, au fond d'un obscur hameau, Jeanne-Marie devient une des plus belles renommées de notre époque ; et cette illustration n'est pas pour elle seule : M. le baron Rendu , chrétien sincère et courageux avant d'être l'une des gloires de l'Institut et de l'Université ; M. Eugène Rendu, digne héritier d'un si noble père ; Mgr l'Évêque d'Annecy, ce pieux et zélé prélat qui rappelle saint François de Sales, appartiennent à cette forte race.

III

Quelle époque que celle choisie par Marie-Jeanne pour faire sa profession religieuse dans le Noviciat des Filles de la Charité! Qui lui avait donné cette foi vive que les autels en ruine, souillés par la profanation, le sang et le sacrilége, allaient se relever, sous la toute-puissante initiative d'un héros, sur leur base éternelle; que la religion allait refleurir, à tra-

vers notre génération si pervertie en appa-
rence, avec son impérissable jeunesse? La
Congrégation des Filles de saint Vincent-
de-Paul, dispersée sur toutes les plages par
la fureur révolutionnaire, commençait à
peine à se réunir et à se reformer au Noviciat de la rue du Vieux-Colombier, autour d'une des dernières supérieures
générales. Jeanne-Marie doit donc être
considérée comme l'une des secondes fon-
datrices de la pieuse communauté renais-
sante. La Congrégation des Prêtres de Saint-
Lazare, à laquelle appartient, d'après la
volonté de saint Vincent de Paul, la direction des Filles de la Charité, n'était pas
encore reconstituée, et, en l'absence d'un
supérieur général, la nouvelle communauté
des Filles de la Charité était gouvernée par
un vicaire général délégué par le Saint-
Siége.

Le jour de sa profession religieuse, en
signe du renoncement absolu à soi-même,
puisque l'on se dépouille même de ses
noms propres, la fervente novice quitta

les noms de Jeanne-Marie pour ne plus porter que celui de Rosalie, doux nom d'où s'exhalent les parfums des deux fleurs qui le composent : la rose, symbole de l'ardente charité et du martyr, le lis, couronne immaculée de la pureté virginale. La rose lui convenait aussi bien que le lis, puisque son devouement à ses semblables s'est élevé jusqu'à l'héroïsme, et que cet héroïsme lui a fait plus d'une fois braver la mort même au chevet des pestiférés et sous le feu des guerres civiles.

IV

Immédiatement après sa profession, la nouvelle sœur Rosalie fut placée dans la petite maison de la Miséricorde du faubourg Saint-Marceau , rue de l'Épée-de-Bois, n° 5, d'abord simple religieuse, et bientôt supérieure. Elle ne devait plus en sortir ; elle eût pu, en y entrant, dire avec le Prophète : « C'est ici la part de mon héritage. »

La Providence avait ses desseins, dit M. Léon Aubineau. Dans nos temps de prétendue lumière, où une ignorance épaisse en matière religieuse s'est répandue parmi les peuples, le bon Dieu, dans sa miséricorde, avait voulu préparer à la partie du peuple de Paris la plus abandonnée aux mauvaises suggestions, la plus dénuée de toutes les commodités de ce monde, un cœur maternel pour compatir à toutes ses misères. Il se forma bientôt entre l'âme de sœur Rosalie et le faubourg Saint-Marceau je ne sais quel lien mystérieux, quelle sympathie secrète et profonde qui faisait que la bonne sœur était l'âme de ce faubourg, une partie intégrante de toutes les familles, la mère de tous les malheureux, le médecin de tous les malades, le refuge de tous les désespoirs, et qu'elle y exerçait une influence irrésistible. Elle y commandait comme une mère au milieu de ses enfants; elle y trônait comme une reine parmi ses sujets, et M. Eugène Rendu a pu écrire avec vérité que ce quartier de la misère était le royaume de sœur Rosalie.

V

Elle aimait tous les pauvres, mais les pauvres de son quartier d'une façon toute particulière. Cette sainte fille, dont l'âme ne respirait que du côté du ciel, n'avait rien dans sa dévotion éclairée de cette morgue, de cette dureté, de cette insensibilité égoïste, de cet incompréhensible orgueil du pharisaïsme qui rendrait odieuse la vertu elle-même, s'il était possible de haïr la vertu, qui perdrait Dieu lui-même, selon une expression hardie du père Lacordaire, si Dieu pouvait être perdu. Elle possédait à un degré éminent le caractère de la vertu véritable, qui, sévère pour elle-même, humble à ses propres yeux, n'est pour les autres que tendresse, bonté, indulgence, miséricorde et compassion. Elle ne se réfugiait pas dans les hauteurs inviolables de sa sainteté pour juger, au-dessous d'elle, les pécheurs, les incrédules, les indifférents, gens misérables, pervers, un objet de mépris et de malédiction ; tout au contraire, à l'exemple de Celui qui ne condamna pas la femme adultère repentante et renvoya couverts de confusion les hypocrites qui l'accusaient, elle avait pour tous indistinctement le pardon dans le cœur, une excuse sur les lèvres.

« Pourquoi, disait-elle, ferais-je accep-
« tion de personnes, quand Dieu n'en fait
« pas, quand il continue à faire reluire son
« soleil sur les bons et les méchants ?
« Pourquoi ne souffrirais-je pas les pé-
« cheurs que Dieu souffre, que Dieu aime
« encore jusqu'à leur rendre leur place
« dans son paradis le jour, où, repentants,
« ils lui demanderont un pardon qu'ils ob-
« tiendront infailliblement de sa miséri-
« corde. Dieu n'a confié à personne le
« pouvoir de juger et de condamner les
« autres ; il le défend même en termes
« précis, mais il nous commande à tous de
« nous chérir les uns les autres, de nous ai-

« der à porter mutuellement le fardeau de
« nos défauts et de nos péchés. »

Si donc on parlait à sœur Rosalie de la
grossièreté de ce peuple dont elle était la
mère, de l'ivrognerie et des autres vices
qui sautent aux yeux, elle se contentait de
répondre :

« Ce sont mes enfants ; si je n'étais pas
« soutenue de la grâce, peut-être serais-je
« pire qu'eux. »

Une mère peut voir les défauts de ses
enfants ; elle les excuse tout en cherchant
à les corriger, mais elle n'aime pas qu'on
s'ingère à les lui montrer.

Quand, dans les moments d'explosion
populaire, on lui parlait des doctrines cri-
minelles répandues parmi le peuple, des
aspirations redoutables qui s'y enflam-
maient, elle excusait encore :

« Ils sont si malheureux ! » disait-elle.

Et sans le dire, sans offenser, elle faisait
sentir qu'on n'avait peut-être pas pour les
pauvres toute la charité et toute la solluci-
tude que Dieu recommande.

Un compatriote de la sœur Rosalie alla la voir un jour, rue de l'Épée-de-Bois. C'était dans un de ces temps trop fréquents de misère où la cherté de subsistances et l'interruption du travail multipliaient les besoins et les souffrances dans les quartiers pauvres. En longeant la rue Mouffetard, il avait aperçu stationnant à toutes les portes des marchands de vin des groupes d'hommes et de femmes, parmi lesquels il en remarqua quelques-uns qui étaient ivres. Cette vue lui avait causé une indignation qu'il ne dissimula point à la bonne sœur :

« Quelle triste idée, lui disait-il, il faut « avoir de ces misérables qui vont dissiper « au cabaret le peu qu'ils gagnent ou bien « qu'on leur donne, au lieu de l'employer « à pourvoir à leurs besoins et à ceux de « leur famille. »

Sœur Rosalie l'écoutait avec sa patience et sa douceur ordinaires ; mais quand il eut fini, elle prit la défense de ses pauvres enfants :

« Eh! mon bon Monsieur) c'était son

« expression familière) songez donc, je
« vous en supplie, que ces pauvres mal-
« heureux que vous condamnez ont à peine
« quelques sous avec lesquels ils ne peu-
« vent guère faire des provisions pour eux
« et leurs familles. Ils n'ont en leur pos-
« session que ces quelques sous qu'ils ga-
« gnent au jour le jour. Que voulez-vous
« donc qu'ils en fassent, si ce n'est d'aller
« acheter au cabaret un sou de pain et un
« verre de vin afin de soutenir leurs forces?
« Je sais bien qu'ils ont tort de s'eni-
« vrer, et je ne dois pas les excuser ; mais
« que voulez-vous? ils sont si malheureux !
« Leur misère est si continue, si poignante,
« qu'ils sont bien un peu excusables de
« chercher à l'oublier pour un moment, et
« le seul moyen pour eux, c'est de perdre
« la raison. Les choses devraient être au-
« trement ; mais est-ce tout à fait leur
« faute si elles sont ainsi, et ne faut-il pas
« nous mettre un peu à leur place ? »

L'interlocuteur ne répondit à de si tou-
chantes paroles que par les larmes qui lui

vinrent aux yeux. Il comprit qu'une admirable bonté est souvent la même chose
qu'un admirable bon sens. Il fut moins
prompt depuis à condamner et à blâmer
ceux qui souffrent.

Sœur Rosalie n'imposait aucune condi-
tion aux bienfaits et aux aumônes qu'elle
répandait chaque jour, et jamais elle ne se
les fît payer par de vertes réprimandes :
c'eût été rendre trop amer le pain de la
bienfaisance.

« La charité, disait-elle encore, est tou-
« jours la charité, et elle ne cesse pas d'être
« une œuvre agréable à Dieu, même quand
« elle est faite à un indigne. Elle est de la
« nature de son bon soleil qu'il fait luire
« également sur tous ; rien n'échappe à la
« chaleur vivifiante de ses divins rayons.
« Elle fait toujours du bien à celui qui
« l'exerce. Si celui qui en est l'objet en
« abuse, ce n'est pas une raison pour re-
« noncer à l'exercice d'une vertu qui ne
« doit pas connaître plus de repos que la
« bienfaisance de Dieu lui-même. »

Si l'on disait à sœur Rosalie :

« Quoi ! vous avez fait du bien à ce mi-
« sérable sans lui remontrer l'odieux de sa
« conduite, sans exiger de lui qu'il quitte
« enfin sa vie de désordre ?

— « Mon sermon l'aurait ennuyé, ré-
« pondait-elle en souriant. Je ne l'aurais
« jamais revu, et j'aurais été privée de lui
« faire du bien une seconde fois. J'aime
« bien mieux le sermon qu'il ne manquera
« pas de se faire à lui-même. Il sait que je
« lui fais du bien au nom de Dieu. Il en
« conclura quelque jour que la religion
« qui lui a été secourable doit être bonne.
« La divine charité le touche de trop près
« pour qu'elle ne pénètre pas jusqu'à son
« âme. Croyez-vous donc que les meilleurs
« sermons sont ceux qui s'expriment avec
« des paroles ? »

Mais aussi, s'il fallait dire un mot à propos, sa pénétrante sagacité lui indiquait
sûrement le moment favorable. Combien
de pécheurs endurcis elle a envoyés aux
pieds d'un prêtre avec ces simples paroles :

« Vous voilà guéri pour le corps ; il ne
« vous reste plus que l'âme.

« M'est avis que si nous offensions moins
« le bon Dieu et si nous revenions sage-
« ment à lui, que nous serions moins mal-
« heureux. Le bon Dieu n'est point de trop
« quand il entre dans notre maison. »

VI

Sœur Rosalie avait résolu le problème
de l'inégalité du riche et du pauvre. Elle
s'interposait comme une médiatrice entre
l'opulence et la misère. Elle apaisait les
colères et conjurait les orages en disant à
l'une et à l'autre : « La concorde est dans la
bienfaisance. »

Quand elle sollicitait les riches pour ses
pauvres, il était difficile de la refuser, et
souvent on n'attendait pas qu'elle deman-
dât, on s'offrait à elle. « Quand vous aurez
besoin de quelque chose, lui disait-on,
songez à moi. » Elle ne l'oubliait pas, et savait s'en souvenir à l'occasion.

En effet, un jour un pauvre homme pour qui elle avait déjà beaucoup fait arrive chez elle :

— « Je suis perdu, lui dit-il, mon che-
« val est mort. Comment ferai-je pour ga-
« gner maintenant le pain de ma femme
« et de mes enfants ? Un cheval est un
« instrument nécessaire pour le métier que
« j'exerce. »

La sœur le console de son mieux, mais le pauvre homme a l'oreille dure. « Comment faire pour avoir un autre cheval, et sans cheval comment gagner du pain à mes enfants ? » Il ne sort pas de là.

Elle lui rappelle tant de circonstances où la Providence est venue à son aide : « Ayez
« confiance, lui dit-elle, priez la sainte
« Vierge ; je penserai à vous ; revenez
« dans deux jours. »

Le pauvre homme s'en va ; il sait que la sœur est puissante ; mais un cheval, c'est une grosse affaire !

Sœur Rosalie ne l'oublie pas. Elle va

trouver un de ses riches bienfaisants dans les quartiers lointains :

« Vous m'avez dit d'avoir recours à vous
« dans une grande occasion ; me voici, dit-
« elle. — De quoi s'agit-il ? — Il me faut
« un cheval. — Prenez-en un dans mon
« écurie. — Un cheval de luxe ne m'est
« d'aucune utilité, il me faut un cheval de
« peine, un gros et fort cheval. — Eh bien !
« achetez-en un à votre guise, et je payerai.»

Sœur Rosalie ne fait pas répéter. Elle était prompte dans ses actions. Elle se rend au marché aux chevaux, voisin de la rue de l'Epée de Bois. Comme elle a des intelligences partout, elle a bientôt avisé quelqu'un capable de choisir ce qu'il lui faut.

Le lendemain, des deux amis de la bonne sœur l'un payait le cheval, et l'autre le trouvait dans la maison de la rue de l'Epée-de-Bois.

VII

Il est à peu près impossible de compter les bonnes œuvres que la charité inspira à sœur Rosalie pendant cinquante-quatre ans d'une vie de dévouement et de sacrifice. Dieu seul en a le secret. Dans le seul quartier qu'elle habitait, elle fonda une crèche, une maison de refuge pour les orphelins, des ouvroirs pour les jeunes filles pauvres ou abandonnées, des écoles pour les enfants des deux sexes.

Sa charité embrassait toutes les misères; elle eût voulu les soulager toutes. Aucune bonne œuvre ne fut faite dans Paris sans sa participation. Dès qu'on avait besoin d'elle, dès qu'on avait une peine qu'elle pouvait adoucir, on devenait de son Arrondissement. Elle était en relation quotidienne avec tous les curés de Paris.

Parmi eux nous devons distinguer M. l'abbé Olivier, curé de Saint-Etienne-du-Mont. Dans son arrondissement, sœur Rosalie venait souvent à son presbytère donner ou recevoir de cet homme admirable, si dévoué à la cause des pauvres, si industrieux à soulager leurs misères, des inspirations de la plus sublime charité;

car, qui pourrait dire lequel des deux communiquait à l'autre du feu sacré de la bienfaisance et du dévouement? Quelles durent être les communications intimes entre ces deux âmes d'élite, si bien faites pour se comprendre et si semblables, qu'il me semble encore écrire un chapitre oublié de mon histoire de Mgr Olivier. (Chez Mlle Flechelle, Paris, rue Saint-Roch, 25.)

Que dire du tact, de la lucidité vraiment merveilleuse avec laquelle la sœur Rosalie appréciait les situations les plus délicates? Elle a été appelée à être pour des familles diverses l'instrument de la reconciliation; pour des jeunes gens jetés sans guide dans le tourbillon de la vie parisienne, une lumière et un appui; pour tous, l'ange du bon conseil. Combien de pauvres étudiants en droit et en médecine, après que le cruel quart d'heure de Rabelais avait été expié, elle a sauvés du désespoir! «Je n'ai pas un sou pour dîner, lui disait-on.— Pauvre enfant, répondait-elle, voilà cent francs; vous me les rendrez quand vous pourrez.» Que de négociants lui doivent leur honneur ! que de familles lui doivent la paix ! que de liaisons honteuses elle a rompues ! combien de fois les mères de famille sont venues lui confier les désordres de leurs fils, et combien de fois la sœur a arraché l'enfant prodigue à ses folles passions !

Rien ne l'effrayait. Elle était en tout de bon conseil ; on la consultait de toutes parts et sur tous les points, et elle avait toujours l'esprit ouvert et prêt à saisir, à indiquer le moyen de vaincre les obstacles qui s'opposaient au bien. Ceux qui se trouvaient sans place, les fonctionnaires en disgrâce, s'adressaient à elle comme à leur dernière ressource. Il était passé en proverbe dans une certaine classe : *J'irai me jeter à la Seine ou trouver sœur Rosalie.* Elle avait des emplois pour tous. A tout prix, quand il s'agissait de sauver une infortune, d'arracher une famille au désespoir, il fallait qu'elle en trouvât ; elle en eût plutôt créé. « Je suis bien embarrassée,

« disait-elle un jour en souriant, il me
« manque une place de ministre. »

Elle ne se préoccupait pas trop des défauts de ceux qu'elle pourvoyait d'emploi.
Elle pensait qu'après la correction du mal-
heur la charité portait ses fruits pour rendre les hommes meilleurs.

Un pauvre diable sans ressources vint
un jour, comme tant d'autres, lui demander un moyen d'existence. — « Que savez-
vous faire? lui dit-elle. A quoi êtes vous
propre ? — A pas grand'chose, répond
celui-ci, mais au lutrin je ne crains pas un;
dans mon village nul n'osait me faire
assaut, et le curé m'a dit plus d'une fois :
Jean, ne chante donc pas si fort. — C'est
bon, je trouverai votre affaire ; mais il nous
faut un peu de tenue et pas de tapage. Ne
vous enivrez-vous point?—Jamais, ma sœur,
au grand jamais. — Alors vous ne pou-
vez plus remplir la place, vous n'êtes qu'un
mauvais chantre. — Ah mais! je me grise
pourtant bien quelquefois. — A la bonne
heure! il fallait me le dire tout de suite.

Maintenant que nous connaissons notre en-
nemi, nous sommes sûrs de le vaincre :
vigilance, bonne volonté, et nous sommes
sauvés. Revenez dans huit jours, et je vous
dirai dans quelle église de Paris vous chan-
terez. Voilà dix francs pour prendre patience. »

Que de finesse et de rondeur dans ce
trait, et il y en a mille de ce genre, si
tous les souvenirs étaient fidèles à appor-
ter leur tribut !

Elle se trouvait cependant parfois dans
de grands embarras quand on lui manquait
de parole après avoir prêté de l'argent.
Elle n'en était pas moins disposée à venir
en aide à ces malheureux. — « S'ils ne
m'ont pas rendu l'argent que je destinais
à d'autres bonnes œuvres, c'est qu'ils en
ont eu un besoin extrême. »

La sainte fille se comportait en tout avec
une prudence admirable. Le bien qu'elle
faisait faire aux autres, les bonnes œuvres
charitables dont elle était le mobile et l'in-
spiratrice, et c'est là un point principal

dans sa vie, surpassaient de beaucoup le bien qu'elle faisait par elle-même. Elle savait toutes les industries de la charité, et elle en avait partout des complices. Elle ne fatiguait jamais cependant, car elle avait un tact admirable pour demander à propos. On comprend qu'elle avait des besoins immenses et sans cesse renaissants. Quand donc on était une fois entré sous sa puissance, elle menait loin son monde. — « Je « ne vous remercie pas, disait-elle quel- « quefois ; c'est vous qui me devez de la « reconnaissance pour vous avoir choisi « entre cent autres pour vous procurer « l'occasion de faire une bonne action. — « Plaignez-vous, repliquait-elle à un au- « tre, d'avoir ajouté une perle de plus à « votre couronne dans le ciel ! »

Elle ne se contentait pas du secours des bourses, elle demandait aussi le concours des cœurs ; elle avait des auxiliaires de toutes sortes et sous tous les horizons de Paris et de la France, car ses relations charitables étaient universelles pour ses bonnes œuvres. Les dames pieuses, les hommes mûrs, les jeunes gens recevaient avec bonheur sa direction; elle stimulait, elle employait leur zèle. Elle avait pour cela un talent merveilleux. Il y avait en elle un esprit de gouvernement admirable. Beaucoup de prêtres ont dû leur vocation aux exercices où la bonne sœur essayait leur charité. Des religieux ont été initiés par elle à la pratique des bonnes œuvres. Quand elle rencontrait des hommes qui se disaient incrédules, pour peu que leur cœur fût disposé à s'ouvrir à la bienfaisance, elle ne s'inquiétait pas d'autre chose: elle les mettait en présence de nécessités si grandes, si redoutables et si cruelles, que la bourse de ces prétendus incrédules s'élargissait chaque jour davantage, jusqu'à ce qu'enfin, à un jour marqué, ils se trouvaient tout à coup inondés de foi, de reconnaissance et d'amour. Tant il est vrai que l'aumône est toute-puissante, qu'elle couvre la multitude des péchés, et obtient les grâces les plus précieuses !

La miséricorde inépuisable, toujours en haleine, pour ainsi dire, qui était comme le fond de son âme, l'autorité qu'elle prenait, au nom des pauvres, sur tous ceux qui l'approchaient, multipliaient entre ses mains les occasions et les ressources de ses bonnes œuvres. Elle ne reculait devant aucune ; son cœur compatissant était toujours prêt ; on avait recours à elle dans les circonstances les plus étranges, les plus pénibles, les plus humiliantes.

Esprit pratique et vraiment supérieur dans les affaires les plus épineuses des familles, elle saisissait du premier coup d'œil le côté par lequel il fallait les entamer et les conduire. Elle réussissait dans des entreprises qui eussent échoué dans les mains de tout autre. Cette sagacité était si connue que les hommes de toutes les classes, dans les positions les plus difficiles, les plus inextricables, venaient en foule lui demander un conseil, et ses relations à la fin devinrent si étendues, que l'on a peine à concevoir qu'elle ait pu y suffire.

Le nombre des lettres qu'elle avait à répondre, ainsi que celui des visites qu'elle avait à recevoir par jour, ne peut se calculer. Il fallait donc économiser et le temps qui ne s'achète pas, et l'argent qu'elle eût employé à payer un secrétaire, et dont elle faisait un meilleur usage en soulageant les malheureux. Donc, si un jeune homme intelligent lui tombait sous la main, elle le mettait aussitôt à son bureau, car nous voulons bien appeler bureau un chétif pupitre de bois commun oublié dans un coin de son modeste cabinet de réception, et elle ne le tenait quitte que lorsqu'il lui avait expédié une douzaine de lettres. Nous connaissons un honorable citoyen d'Evreux, dont le cœur est aussi élevé que l'esprit, qui lui a noblement consacré à ces fonctions de secrétaire ses loisirs de jeune homme. Mais il n'était pas le seul : après lui le premier venu lui était bon, sans s'inquiéter le moins du monde du rang qu'il occupait dans la société.

Elle reçoit un jour la visite de deux

dames. L'une d'elle, héritière d'une grande fortune, se sentait pressée d'abandonner le monde et de revêtir l'habit de postulante, mais sa famille luttait avec ténacité contre la persévérante résolution de la jeune fille; dans son ardeur de sacrifice, elle méditait de fuir de la maison paternelle et de se jeter vaillamment dans un cloître. La sœur Rosalie l'écoute, puis tout à coup :

« Mademoiselle, permettez-moi de vous
» détourner, autant qu'il est en moi, du
» projet sur lequel vous venez me con-
» sulter. Que vous proposez-vous? de vous
» sacrifier à Dieu. Eh bien! ce n'est pas à
» vous de choisir le genre de sacrifice. Sa-
» crifiez-vous en vous soumettant à une
» volonté que, dans ses écarts mêmes, votre
» premier et plus sûr devoir est de res-
» pecter. »

Douée d'une activité prodigieuse, sœur Rosalie passait toutes ses journées uniquement occupée du prochain, et sans un seul moment de repos, hormis le temps consacré à ses prières; encore n'était-ce pas celui où elle travaillait le moins à son œuvre quotidienne. Nous ne parlons pas de ses vertus de religieuse, de son humilité, de son esprit d'oraison, de son obéissance à ses supérieures, de son attachement à sa Congrégation. A la voir telle qu'elle s'est manifestée au milieu des hommes, on devine quel était le fond de son cœur et dans quelle abnégation, dans quelle humilité cette active charité prenait ses racines. Dieu était dans ce cœur, et elle le ramenait avec une grâce ineffable dans tous les discours et à propos de toutes les affaires. Elle le voyait dans toutes ses actions. Elle ne se complaisait point dans ses pratiques de piété qu'elle observait avec une ponctuelle exactitude ; elles n'étaient point son but, mais son moyen ; elle ne se croyait point sainte uniquement parce qu'elle les suivait ; mais elle les jugeait bonnes parce qu'elle les traduisait au dehors par une vie remplie de bonnes œuvres.

Un jour de pauvres vieillards se présentèrent pour lui adresser un compliment et l'appelèrent leur bienfaitrice. — « Je ne suis que votre servante, dit-elle, et ne veux point d'autre titre. » Aucune philosophie n'a pu enseigner une telle vertu ; celle-ci porte un cachet divin, sa source n'est point dans ce monde, elle jaillit directement du sein du Dieu qui veut être adoré en esprit et en vérité.

VIII

Quel spectacle ce bon ange de la divine charité donnait au monde ! Dans une pauvre rue du plus pauvre quartier de tout Paris, une pauvre maison qui ne se distinguait des autres que par la croix de bois qui en surmontait l'humble porte, était aussi connue que le Louvre, et plus fréquentée que les plus splendides hôtels de la grandeur et de la richesse. Dans cet obscur réduit, une pauvre et simple religieuse avait une cour qu'auraient pu envier bien des reines, puisque les reines elles-mêmes en faisaient partie, et l'éclat des diadèmes pâlit devant le rayonnement de cette vertu qui attirait tout à elle.

La petite maison de la Miséricorde, de la rue de l'Épée-de-Bois, était connue et fréquentée de tous ceux qui souffraient dans leur corps ou leur âme, de tous ceux qui avaient un secours à demander, une grâce à obtenir, un bon conseil à attendre, une faute à expier. Les riches comme les pauvres en connaissaient le chemin. Les grandes dames en équipage s'y rencontraient avec des mendiants et des infirmes exténués de souffrance, et plus d'une fois la pourpre des princes de l'Église et des princes de ce monde s'y est coudoyée aux haillons du chiffonnier.

Qu'est-ce donc qui avait appris et qui faisait retentir le nom et le chemin de cette rue déserte à ce Paris si dédaigneux, si changeant, et qui, dans le vol de ces dernières années qui comptent comme autant de siècles, a cependant oublié tant de noms, tant de palais et tant de choses? C'était une humble religieuse de Saint-

Vincent-de-Paul, qui employait sa vie à instruire des petits enfants, à panser des malades, à visiter des pauvres, à consoler des affligés. Il n'était pas un infirme, pas un vieillard, pas un malheureux de son Arrondissement qui n'eût reçu ses bienfaits et dont elle ne connût la demeure, pas une douleur qu'elle n'eût consolée, pas une larme qu'elle n'eût séchée, pas un péril qu'elle n'eût conjuré, comme aussi il n'y avait pas un pauvre et un malheureux qui ne la connussent.. Il ne se faisait pas dans la capitale aucune bonne œuvre à laquelle elle ne prît part, et nous avons déjà dit que dans sa charité universelle tous les malheureux étaient de son Arrondissement. Voilà pourquoi tout Paris connaissait cette rue, cette porte, et venait s'asseoir sur les bancs usés d'un modeste parloir.

C'est aussi que sœur Rosalie exerçait une puissance vraiment extraordinaire sur tous ceux qui l'approchaient, cette puissance d'un esprit supérieur et d'un cœur animé du seul amour du bon Dieu. Cette puissance se révélait en elle dans la vivacité et dans l'inexprimable douceur d'un regard qui attirait, dans un son de voix qui n'appartenait qu'à elle et vibrait jusqu'au fond du cœur. C'était une nature sympathique et communicative devant laquelle on se sentait subjugué ; vous la voyiez une première fois, et vous ne pouviez plus lui fermer votre cœur ni lui refuser votre confiance la plus intime, la plus absolue. Vous deveniez aussitôt un instrument docile sous sa main ; elle ne vous prenait que pour vous conduire à la pratique de la charité, que pour vous donner à Dieu. Malgré vous, à votre insu, vous deveniez avec elle familier comme avec une sœur, vous l'aimiez, vous la respectiez comme une mère, vous vous sentiez confondu de vénération comme devant un ange du Seigneur.

On ne peut expliquer que par la vertu, par la sainteté, par les mérites quotidiens d'une existence d'abnégation, de pauvreté, de sacrifice, cette autorité extraordinaire dont nous parlons, et dont se trouvait investie, dans la capitale du monde civilisé, cette humble fille des montagnes du Jura; et cet ascendant prodigieux exercé par cette modeste servante des pauvres était étendu jusque sur les rangs les plus élevés de la société. Elle était une puissance. De près comme de loin tous les pouvoirs ont subi son irrésistible attraction ; tous se sont inclinés devant le rayonnement de cette vertu supérieure.

Sœur Rosalie a vu successivement venir à elle, dans son modeste parloir, les grandes illustrations du premier empire : la duchesse d'Angoulême, la reine Marie-Amélie, qui l'avait priée de la diriger dans la distribution de ses aumônes, et ne créait aucune de ses innombrables bonnes œuvres sans la consulter auparavant. L'illustre général Cavaignac, Président de la République, y a précédé l'Empereur Napoléon III et l'auguste Impératrice Eugénie, et lui demandait des conseils. Dans les grandes crises politiques elle n'attendait pas qu'on vînt à elle, et ses avis étaient écoutés; ou

s'ils étaient négligés, plus d'un gouvernement a eu à s'en repentir.

Le trait principal du caractère de sœur
Rosalie était, dit M. Eugène Rendu, le bon
sens poussé à ce point où il confine au gé-
nie. Personne ne songeait à lui contester
cette étonnante suprématie morale, cette
espèce de ministère des âmes dont l'inves-
tissait la confiance de tous, et qui faisait
accourir à elle de toutes les extrémités de
l'horizon. On a beaucoup parlé d'égalité :
cette égalité trônait dans le parloir de la
religieuse. Les généraux, les conseillers
d'État, les députés, les pairs de France,
de grandes dames portant les plus illustres
noms de l'aristocratie française, qui s'y
trouvaient assis parmi les pauvres et de
malheureux petits marchands de la rue
Mouffetard, attendaient leur tour ; car
chacun passait à son rang, sans distinction.
Sœur Rosalie, mérite rare même parmi
les plus saints, témoignait autant d'égards
pour la pauvreté en haillons, que pour
l'opulence au sein de la splendeur. Ce

qu'elle respectait avant tout dans quiconque paraissait devant elle, c'était la dignité de l'homme relevée par la dignité du chrétien.

IX

Sœur Rosalie n'aimait pas seulement les œuvres qu'elle avait fondées : toutes celles qui pouvaient faire du bien étaient aussi ses œuvres adoptives, se fécondaient de son amour, s'embrasaient au foyer ardent de charité qui brûlait dans son cœur.

Aussi elle a été l'un des instruments dont la Providence s'est servi pour asseoir et développer les Conférences de Saint-Vincent-de-Paul, et cette Société aime à la considérer comme l'un de ses fondateurs, si toutefois cette belle œuvre, née de circonstances fortuites, peut reconnaître un fondateur.

Quelques jeunes gens se réunissaient, après 1830, rue des Fossés-Saint-Michel, chez l'excellent M. Bailly, où ils trouvaient, avec une bonne pension, une bibliothèque à leur usage, une direction éclairée, de

sages conseils, une salle pour leurs conférences où s'agitaient des questions de
droit, de littérature, d'archéologie, d'éco-
nomie sociale et politique, et de philosophie.

Après avoir un jour forcé M. Lherminier
à une amende honorable, ils se glorifièrent
de leur triomphe auprès de M. Bailly. Mais
cet homme, esprit pratique et plein de
bon sens : « C'est très-bien, mais après?
« Quel résultat sérieux espérez-vous? Allez-
« vous vous contenter d'une fumée qui se
« dissipe en l'air. C'est beaucoup de bruit
« pour rien. Voulez-vous donner un ali-
« ment à votre zèle? Faites de bonnes
« œuvres, c'est ainsi que la foi se prouve ;
« visitez les pauvres, et portez-leur des
« secours à domicile : vous ferez moins
« de bruit, et beaucoup plus de bien. »

Les jeunes gens accueillirent cette idée
avec enthousiasme.

Mais où trouver les pauvres? Comment
les connaître? — « Oh! qu'à cela ne
tienne, dit M. Bailly. Mettez-vous en rap-

port avec sœur Rosalie, elle vous initiera sur-le-champ à la pratique de la bienfaisance, et ne vous laissera pas chômer de besogne. »

Donc, dans une première réunion, qui fut plus tard la Société de Saint-Vincent-de-Paul, on résolut de visiter les pauvres, de tenir des Conférences spéciales pour s'encourager, s'éclairer mutuellement, et maintenir l'unité de l'Œuvre. Un ange tutélaire, la mère de l'œuvre, sœur Rosalie était trouvée. Elle indiqua les premiers pauvres à visiter, accueillit avec reconnaissance ces nouveaux auxiliaires de sa charité, qui de là se répandirent dans le monde en familles innombrables. Elle conseilla de porter des secours aux indigents en bons de pain. Ainsi, c'est à son initiative que les Conférences de Saint-Vincent-de-Paul doivent cet usage qui leur a été si précieux. La bonne sœur fit plus : elle prêta pendant longtemps ses propres bons à la Conférence, qui était encore bien petite, et qui, pour économiser ses propres ressources, hésitait devant la moindre dépense.

Sœur Rosalie aimait tendrement les Conférences : on s'attache aux enfants qu'on a vus naître. — « Oh! répétait-elle sans cesse dans ces commencements, que ces jeunes gens sont bons! qu'ils sont donc bons! » Et elle était toute réjouie quand elle les voyait.

X

Mais c'était par des mérites d'un autre ordre et par des services sinon plus héroïques, du moins plus retentissants et plus populaires, que sœur Rosalie avait conquis la sympathie des masses. Dans les jours de détresse publique, d'invasion étrangère, de peste ou de famine, elle apparaissait comme un ange tutélaire, comme l'arc-en-ciel dans l'orage. Quand l'émeute impie ébranlait la société, elle se dressait comme un rempart entre elle et le péril public.

Dans ces grandes crises, elle déployait une énergie et une puissance incomparables. Paris l'a vue avec admiration à l'œuvre dans la disette de 1813, dans l'invasion étrangère, dans les famines de 1817, 1829 et 1847, opérant des miracles de charité pour donner du pain à des familles entières mourant de faim ; il l'a vue dans le choléra de 1832 au chevet des pestiférés, ne se donnant aucun repos ni le jour, ni la nuit.

Dans le choléra de 1849, où le quartier Saint-Marceau fut si cruellement frappé, le dévouement de sœur Rosalie égala celui qu'elle avait déjà montré. Elle eût dit volontiers comme une autre religieuse à un ancien soldat effrayé de l'intrépidité qu'elle déployait auprès des cholériques : « *Vous* « *ne reculeriez pas devant le feu : la peste* « *est le coup de feu des sœurs de charité.*»

Au milieu des émeutes, les fusils des barricades s'abaissaient respectueusement devant sœur Rosalie. — « *Laissez passer,* disaient les combattants, *laissez passer la mère*

des pauvres. On sait où elle va. — En-
fants, répondait-elle, *n'est-ce pas déjà*
trop de sang répandu comme cela? Est-ce
qu'on se tue entre Français? Quoi! des frè-
res qui s'égorgent! » Une larme généreuse
échappait à la fureur même. Puis la sœur
allait, allait toujours porter à d'autres de
bonnes paroles. — « *Mais, ma sœur, vous*
allez vous faire tuer. Le feu est terrible;
et que deviendront nos pauvres?—Croyez-
vous donc que je suis si envieuse de vivre
quand on massacre mes enfants? » Elle
abordait d'autres émeutiers avec autorité.
« *Cessez le feu*, disait-elle, *j'ai déjà assez*
de veuves et d'orphelins à nourrir, sans
qu'on m'en fasse d'autres. »

Quelques instants après les passage de
l'héroïne, les feux devenaient sensiblement
plus clairs et finissaient par s'éteindre.

Dans les terribles journées de juin 1848,
les insurgés atteignent un malheureux
garde-mobile au pied d'une barricade, et
veulent le tuer. « *On ne tue pas des enfants*
sous mes yeux, s'écrie sœur Rosalie en se

précipitant entre eux sur le théâtre du carnage. — Non, mère, non, nous allons l'emmener à deux pas, et le fusiller hors de votre vue. — Alors vous allez me fusiller avec lui, » reprend la sœur, couvrant toujours le malheureux de son corps et l'arrachant enfin de leurs mains.

Mais le garde-mobile n'est pas le seul que, dans ces funestes journées, sœur Rosalie ait arraché aux balles qui tuèrent Négrier, Bréda et Duvivier, aux sabres qui mutilèrent tant de braves qu'avaient épargnés le feu des batailles.

Un officier de la garde municipale, poursuivi par un groupe d'émeutiers, s'élance dans la rue de l'Épée-de-Bois. Haletant, près d'être atteint, il se jette sur la porte de la maison de la charité, l'enfonce et se précipite dans la cour. Les émeutiers bondissent après lui. Déjà les sabres sont levés sur la tête de cet infortuné. Tout à coup, sœur Rosalie apparaît, s'élance et saisit le bras du plus furieux.— «On ne tue pas ici, s'écrie-t-elle. — Laissez-nous, ma sœur, nous ne le tuerons pas dans votre cour, mais dans la rue. — Vous ne l'emmènerez pas, » réplique avec fermeté la généreuse fille, couvrant toujours l'officier de son corps comme elle avait couvert le garde-mobile. Alors l'un des plus exaltés par l'ivresse de la poudre et du carnage, brandissant le sabre contre elle : — « Vous ne craignez donc pas la mort, hurle-t-il. — Je ne crains que Dieu ! » répondit-elle. Et pendant ce temps l'officier s'était jeté dans la sainte maison comme dans un asile inviolable.

XI

Il n'était pas possible qu'un Napoléon parvînt à la souveraine puissance, et qu'un héroïsme si pur ne reçût pas la consécration de l'honneur national. Bientôt, en effet, on lut dans le *Moniteur Universel* d'abord, puis, sur tous les murs des communes de France, dans le *Moniteur des Communes*:

« Au nom du Peuple Français,

Louis Napoléon, Président de la République Française;

Vu les actes de courage, de dévouement et d'admirable charité qui ont signalé la longue existence de Melle Rendu (en religion sœur Rosalie), Supérieure de la Maison de Charité tenue à Paris, rue de l'Épée-de-Bois, 5, par les sœurs de Saint-Vincent-de-Paul;

Considérant que, depuis cinquante ans, la sœur Rosalie, par les soins de tout genre qu'elle a prodigués aux pauvres et aux malheureux s'est montrée la digne imitatrice de la sœur Marthe, décorée par l'Empereur;

Décrète :

Art. i^{er}. La décoration de l'Ordre national de la Légion-d'Honneur est décernée à la sœur Rosalie, de Saint-Vincent-de-Paul.

Art. ii. Le Ministre de l'Intérieur est chargé de l'exécution du présent Décret.

Fait au Palais des Tuileries, le 27 février 1852.

LOUIS-NAPOLÉON. »

Ce même jour, M. de Persigny, Ministre de l'Intérieur, au nom du Prince-Président, se rendit à la maison de la rue de l'Épée-de-Bois, et remit à sœur Rosalie la décoration de la Légion-d'Honneur avec une somme de 500 francs pour ses pauvres; et, par une autre insigne distinction, ce fut M. le maréchal de Saint-Arnaud, Ministre de la guerre, qui voulut lui-même attacher la croix sur le sein de la noble fille.

L'honneur et l'héroïsme n'ont pas de sexe, car dans les Actes de l'État-Civil du 12ᵉ Arrondissement (Registre 463, nº 664), dans un renvoi à la marge, la sœur Rosalie est qualifiée de *chevalier* de la Légion-d'Honneur.

Cette solennité fit grande sensation dans le quartier Saint-Marceau, et chacun, tant fut grande la joie des pauvres, se crut obligé, *en conscience*, de fêter la sœur et sa croix par d'abondantes libations. Pendant deux jours tous les cabarets de l'endroit retentirent du choc des verres et des

tasses, et des cris de : « Vive la sœur Rosalie ! »

Louis-Napoléon, Président del a République, avait déjà appris le chemin de la
rue de l'Épée-de-Bois. Empereur, il voulut y conduire aussi l'Impératrice Eugénie.
Le bruit de cette auguste visite à sœur Rosalie s'était répandu, de sorte que, plusieurs
heures auparavant, les rues adjacentes
étaient remplies des masses de ses pauvres.
Ils voulaient voir ; mais les agents de police s'étaient emparés du terrain, et les te-
naient à distance respectueuse. Sœur Rosalie en était vivement contrariée ; elle eut
beau dire que c'étaient ses enfants, qu'elle
répondait d'eux sur sa tête, la police restait impassible.

L'Empereur était à peine descendu de
voiture, que la bonne supérieure lui expri-
ma sa peine et ses protestations ; sur-le-
champ l'ordre est donné de laisser appro-
cher tout le monde. Les flots de peuple
débordent autour des voitures, et la gra-
cieuse Impératrice Eugénie, bonne et sen-

sible comme une autre Joséphine, prenait vraiment plaisir de voir ces masses de pauvres gens si respectueux et si pleins d'enthousiasme. Sœur Rosalie triomphait.

Dans les revues impériales, les colonels étalent avec orgueil leurs beaux régiments sous les yeux du souverain; sœur Rosalie n'était pas moins fière de ses pauvres, et il fallait bien, dans un si beau jour, montrer à son Empereur ses perles et ses trésors. A l'exemple de saint Laurent, elle avait donc réuni dans une salle tous ces pauvres vieux à qui elle donnait chaque jour de la soupe avec accompagnement de riz et de haricots. Les rangs étaient serrés; il y avait à peine une petite place pour passer. Après avoir visité la crèche et les classes, Leurs Majestés sont introduites par sœur Rosalie au milieu de ces braves gens. Les cris de : *Vive l'Empereur! vive l'Impératrice!* retentissent ; tous ces fronts usés par le travail et par les années rayonnent de joie. L'un d'eux, ne pouvant résister au désir d'exprimer ses sentiments, s'approche de l'Empereur et lui dit avec effusion : « Bonjour, Sire; que je suis content de vous voir ! Je suis un vieux troupier de l'Ancien, moi ! mais je suis bien cassé; je ne peux plus servir la patrie; je chante sa gloire, je fais des chansons et je les vends.» L'Empereur répondit par quelques paroles bienveillantes. Mais le bon vieux tenait à ses chansons tout autant qu'à la gloire de l'Ancien, et se tournant vers l'Impératrice et faisant un profond salut : « Madame, lui dit-il, si vous voulez bien me le permettre, je vais vous chanter la biographie de votre époux en cinq couplets. » L'Impératrice répondit avec bonté que cela pourrait le fatiguer, mais qu'elle accepterait volontiers les couplets. Il plia dextrement la feuille en quatre et la remit à Sa Majesté, non sans accompagnement de sa plus belle révérence, avec la main posée militairement au front.

On aime ces scènes naïves et simples, on aime à voir sœur Rosalie moins touchée de l'honneur qu'elle reçoit, que de la

joie que cause à ses enfants la présence de
ses augustes visiteurs.

XII

Cette noble femme, que la vue du glaive
ne faisait pas pâlir, portait dans son cœur
les trésors d'une tendresse infinie. Quand
l'une des sœurs qu'elle avait formées était
arrachée, par ordre des supérieurs, à son
inquiète affection, on la voyait pleurer
comme un enfant.

Un jour, après une scène de larmes pro-
voquées par le départ de l'une de ses com-
pagnes, elle s'effraya de cet attachement
qui lui semblait contenir quelque chose
de trop humain. Elle s'en ouvrit à une
personne qui possédait toute sa confiance :
« Rassurez-vous, lui fut-il répondu ; si
vous n'aimiez pas tant vos sœurs, si
vous aviez moins de tendresse dans le
cœur, vous n'aimeriez pas tant les pauvres. »

Sage réponse ! La vraie vertu ne mutile

pas les sentiments du cœur ; elle les épure, les agrandit, et les divinise.

Quand les Petites-Sœurs des Pauvres vinrent s'établir à Paris, sœur Rosalie vola une des premières au-devant d'elles pour leur venir en aide. Elle apprit un jour que ces pauvres filles avaient cédé leur propres lits aux pauvres, et même qu'elles avaient passé la nuit sur le plancher. A ce récit, elle fondit en larmes. « Ah ! les pau-« vres sœurs ! disait-elle. Et nous qui ne « manquons de rien ! » Et aussitôt elle envoya aux Petites-Sœurs toute la literie dont pouvait disposer la maison de la rue de l'Épée-de-Bois. Mais le soir venu, sœur Rosalie se trouva-t-elle elle-même dans une position meilleure que celle qui avait ému sa compassion ?

Sœur Rosalie avait créé une crèche, car on comprend que dans l'amour qu'elle professait pour tout ce qui est faible et dénué l'enfance avait une large part. La sœur visitait la crèche aussi souvent qu'elle le pouvait. C'était, disait-elle, sa récréation, et rien n'était charmant comme son entrée au milieu de tous ces pauvres petits qui lui souriaient, l'aimaient, et se précipitaient vers elle avec transport : tant est grande l'influence que les âmes vraiment unies à Dieu exercent sur les enfants ! car c'est le même Dieu qui est dans les cœurs purs et dans les petits enfants.

Or, on avait amené un jour à la crèche un enfant abandonné, un tout petit enfant; mais toute petite qu'elle était, cette frêle créature commençait déjà à parler. Grand embarras pour la sœur ! Son âge était un obstacle à son admission dans la crèche; les règlements s'y opposaient formellement. Où donc placer ce pauvre petit innocent ? Elle se décide à le faire admettre aux Enfants-Trouvés. Avant de s'en séparer, elle veut l'embrasser une dernière fois, et le prend dans ses bras ; mais ce doux lit des bras d'une femme caressante éveille dans l'enfant un souvenir ; il s'écrie tout joyeux : « *Maman !* — Ah ! dit sœur Rosa- « lie, il m'appelle sa mère, je ne puis plus

« l'abandonner. » Elle lui trouva un asile pour la nuit, et il vint le jour à la crèche.

XIII

Tous les fléaux des hommes, tous ceux de Dieu, la peste, la famine, la guerre, l'insurrection, qui sont venus successivement s'abattre sur l'Arrondissement où veillait sœur Rosalie, l'ont trouvée, pendant cinquante-quatre ans, fidèle à son poste, compatissante, courageuse, inébranlable, et cependant, quand on abordait avec respect cette sainte religieuse, quand on voyait cette frêle créature, ce pâle et doux visage, ce corps exténué, quand on entendait sa voix plus douce et plus faible encore, on se demandait si c'était bien là cette femme forte et intrépide qui avait vaincu l'invasion étrangère, vaincu l'émeute, vaincu la famine, vaincu le choléra.

Il fallait cependant qu'à tant de fatigues vînt encore s'ajouter, pour qu'il ne restât absolument rien à expier dans l'autre monde, la plus terrible, la plus douloureuse des épreuves : quelques mois avant de mourir, sœur Rosalie tomba aveugle ! Les ténèbres éternels s'épaissirent sur les yeux du corps, pour que ceux de l'âme fussent absorbés dans la contemplation plus parfaite de la lumière incréée et invisible. L'opération de la cataracte fut tentée et ne réussit pas. Douce envers l'épreuve, douce envers la mort qui approchait, elle se résigna à son sort avec des sentiments de foi, avec une humilité qui tirait des larmes. — « Si Dieu, disait-« elle, me refuse la lumière de ce monde, « c'est que je ne suis plus digne de la « voir ; c'est qu'il me juge désormais inu-« tile sur la terre, c'est qu'il m'appelle « bientôt à lui, c'est qu'il a choisi une autre « mère pour mes enfants. Mes enfants, « mes chers enfants, mes pauvres, quand « je ne serai plus, ô mon Dieu ! vous ne « les abandonnerez point, n'est-ce pas ? »

Le 4 février 1856, à l'âge de 88 ans,

mourut Anne Laracine, veuve d'Antoine Rendu. Heureuse mère ! elle avait recueilli sur la terre les bénédictions qui retentissaient autour du nom de la fille qu'elle avait formée à la vertu, et elle s'en allait voir dans le ciel les préparatifs du triomphe que lui préparaient les anges du bon Dieu. Le 6 février, Mgr l'Évêque de Belley, dans le diocèse de qui elle était née, vint lui rendre visite. Le lendemain, jeudi 7 février 1856, à onze heures du matin, âgée de soixante-neuf ans cinq mois, sœur Rosalie s'endormit doucement dans le Seigneur.

Bon peuple que la nouvelle de cette mort jeta dans le deuil et la consternation, on t'a dit quelquefois, je crois, que lorsqu'on était mort tout était mort, et que les prêtres t'abusent en te parlant du bon Dieu; mais si les choses sont ainsi, dis-moi, dis-moi donc où, quand, comment les vertus de sœur Rosalie auront une récompense, et qui la donnera?

XIV

Depuis le moment de la mort de sœur Rosalie jusqu'à celui de son inhumation, le glas ne cessa pas de retentir dans la paroisse de Saint-Médard, comme un écho de la douleur générale. Elle avait été exposée après sa mort dans la chapelle des sœurs. Il serait impossible d'indiquer le nombre de personnes qui visitèrent cette dépouille que venait de laisser une âme dès ici-bas si étroitement unie à Dieu. Chacun désirait lui faire toucher un chapelet ou une médaille. Tout le quartier Saint-Médard était en émoi, et des voitures amenaient à chaque instant de nouveaux visiteurs des quartiers lointains, la population tout entière vers la maison de la rue de l'Épée-de-Bois, qui ne devrait plus s'appeler que *rue de la Sœur-Rosalie*, pour jeter une dernière goutte d'eau bénite sur celle qu'on regrettait et qu'on pleurait. Elle saluait avec un pieux respect ce qui restait sur la terre de cette humble et illustre vierge, qui fut durant un demi-siècle l'ange consolateur de toutes les misères, et le type accompli de ce merveilleux ouvrage de la foi qu'on appelle une sœur de charité.

La cérémonie funèbre, qui eut lieu le samedi 9 février, fut un témoignage éclatant de l'empire qu'il est donné à la charité chrétienne d'exercer sur les hommes. Cette mère, cette servante des pauvres dut subir dans la mort les honneurs auxquels son humilité la dérobait dans la vie, et le convoi de sœur Rosalie comme celui de Mgr Olivier, à Evreux, fut un véritable triomphe.

« Point d'appareils ni de tenture, dit
« M. Eugène Rendu, le simple corbillard
« où l'indigent est porté à sa dernière de-
« meure ; point de voitures de deuil ; mais
« pour escorte une multitude émue, tout
« un peuple conduit par ses premiers ma-
« gistrats, interprètes officiels de la dou-
« leur et de la vénération publiques ; les
« enfants de l'orphelinat, des asiles, des

« écoles, des ouvroirs créés par la sainte
« femme ; puis , entre les flots pressés
« d'hommes de labeur, la longue députa-
« tion des Filles de Saint-Vincent-de-
« Paul.

« Avant de se rendre à l'église, et au
« sortir de cette humble maison de la rue
« de l'Épée-de-Bois, le convoi, au son du
« glas funèbre, s'est dirigé à travers les
« rues tortueuses du faubourg. Les habi-
« tants avaient réclamé la faveur de voir
« paraître une dernière fois parmi eux
« celle que des bienfaits quotidiens les
« avaient habitués à invoquer depuis tant
« d'années comme leur protectrice et
« comme leur guide. Ils avaient dit que
« le cercueil, en passant au seuil de leurs
« demeures, *y laisserait une vertu*, et y fe-
« rait descendre une bénédiction. »

La croix à traversé cette multitude émue ;
car la sœur Rosalie a eu ce bonheur, ce pri-
vilége vraiment extraordinaire, qui est le
droit commun dans les villes de province,
mais que les règlements de police interdisent

dans la capitale, que la Croix du Calvaire était venue au devant de ses dépouilles mortelles pour les introduire dans le sanctuaire de l'église. On avait senti qu'il fallait, dans cette circonstance, sur le vœu d'un Arrondissement tout entier, oublier les règlements qui bannissent des obsèques chrétiennes toute manifestation extérieure du culte chrétien, et les chants de l'Église ont retenti dans les rues de Paris. Un piquet de militaires entourait le catafalque décoré des insignes de la Légion-d'Honneur.

« Ce quartier de la misère était le royau-
« me de la sœur Rosalie; il était juste
« qu'elle le traversât au milieu du cortége
« que la reconnaissance, le respect, la dou-
« leur, attachaient à son char funéraire.
« Aussi bien, jamais puissant de la terre
« n'a reçu un semblable accueil. Sur le
« passage du convoi, tout travail était
« suspendu. Dans ces rues d'industries
« bruyantes, de manufactures et d'usines,
« pas un cri, pas un bruit de marteau.

« Ceux des habitants qui n'avaient point
« pris place dans la foule étaient groupés
« devant leurs portes, la tête nue, le front
« triste et recueilli. Des femmes aux vête-
« ments en lambeaux, des ouvriers aux
« bras nus s'agenouillaient, murmurant
« une prière, et se rappelant ce signe de
« croix que la vénérable sœur leur avait
« appris à former.

« Après le service, toute cette multitude
« a silencieusement accompagné le cercueil
« jusqu'à l'enceinte réservée dans le cime-
« tière du Montparnasse aux filles de la
« congrégation de Saint-Vincent-de-Paul.
« Là, le maire du 12e Arrondissement,
« M. de Saint-Arnaud, dans un discours
« plein de simplicité et d'élévation tout
« ensemble, de convenance et d'émotion
« contenue, s'est fait l'organe de tous.
« M. de Saint-Arnaud connaissait la sœur
« Rosalie depuis cinquante ans. Il a parlé
« d'elle avec la sensibilité d'un ami, et
« dans le seul langage qui pût être digne
« d'elle, dans le langage d'un chrétien. »

Un clergé nombreux, les curés de plusieurs paroisses, les religieux des divers instituts établis à Paris, le préfet de police, le maire et les adjoints du 12e Arrondissement, une foule considérable des plus hautes notabilités, Mme la maréchale de Saint-Arnaud, assistaient à ces funérailles. Tous ces honneurs, ce concours empressé d'une grande ville étaient sans doute une faible image, dit M. Léon Aubineau, des honneurs et du concours que la troupe des anges et la multitude des élus font dans le ciel à l'âme heureuse qu'ils introduisent dans la gloire. Si la foi se perd dans la claire vision, si l'espérance s'évanouit dans la possession, la charité, qui fut la grande vertu de la sainte fille, demeure éternellement dans le sein du Père.

ADOLPHE DE BOUCLON.

Sacquenville, 20 mars 1856.

TABLE.

--oo--

FIN DE LA TABLE.

Imp. BAILLY, DIVRY et Cᵉ, place Sorbonne, 2.

Imp. Bailly, Divry et Cᵉ, place Sorbonne, 2.